Balkon und Terrasse

Ute York

GARTEN
HOBBY-BIBLIOTHEK

Balkon und Terrasse

Seehamer Verlag

Wissenschaftliche Beratung: Dr. Günther Heubl
Fotoredaktion: W. Heubl, München
Gestaltung und Zeichnungen:
Uschi Müller und Sabine Hofmaier, München
Umschlaggestaltung: Bine Cordes, Weyarn
Umschlagfoto: IFA Bilderteam, Düsseldorf
Printed in Germany
ISBN: 3-929626-34-9

Inhalt

Der schönste Balkon weit und breit!

Ganz tief in Ihrem Innersten schlummert eine Gärtnerseele, sonst hätten Sie dieses Büchlein jetzt nicht in der Hand. Darin erfahren Sie viel Wissenswertes über den Umgang mit Pflanzen, und Sie können vielleicht auch gleich ein paar akute Balkon-Probleme lösen, z. B. diese:

• Sie sind die ewigen Geranien satt, aber etwas anderes trauen Sie sich nicht zu.

• Sie haben nur einen kleinen Balkon, und viel Sonne kriegt er auch nicht, aber Sie träumen trotzdem von einem Garten Eden im Miniaturformat.

• Ihre Terrasse ist zwar riesengroß, aber sie wirkt so leer und kalt, und Ihnen fällt einfach nicht ein, was man dort außer zwei Liegestühlen und der Yucca aus dem Wohnzimmer noch unterbringen könnte.

• Sie hätten zwar viele Ideen für den Balkon, aber das neue Wohnzimmer war so teuer, und da bleibt für eine Balkonbepflanzung nicht mehr viel übrig.

• Sie lieben Ihre Balkonpflanzen, aber die erwidern Ihre Liebe nicht. Irgendetwas machen Sie falsch – aber was?

Für alle diese Problemchen – und für viele andere – gibt es Lösungen. Die sind oft so einfach, daß man sich hinterher fragt, wieso man nicht schon längst darauf gekommen ist.

Aber wir möchten Ihnen nicht nur mit praktischen Tips helfen, sondern Sie auch zu Balkon-Träumereien anregen. Es müssen nicht immer nur die Geranien sein, die alle Nachbarn auch haben.

Der Balkon, den wir Ihnen vorschlagen, darf ruhig ein wenig aus der Reihe tanzen.

Jungpflänzchen in der Kaffeedose und Seerosen im Balkonteich

Also, wovon träumen Sie? Ein Seerosenteich auf dem Fünf-Quadratmeter-Balkon?

Warum nicht? Gemüse und Obst vom achten Stock? Nur zu! Kletterpflanzen, die innerhalb weniger Wochen dem neugierigen Nachbarn die Sicht versperren? Kein Problem! Winterhilfe für das Zitronenbäumchen vom letzten Urlaub in Jesolo? Aber sicher.

Ein Balkon, auf dem das ganze Jahr irgend etwas blüht und grünt, wächst und lebendig ist – nicht nur die obligaten Balkonblumen von Mitte Mai bis Ende Oktober – der kostet natürlich ein bißchen Geld und etwas Zeit. Aber Rom wurde ja auch nicht an einem Tag erbaut!

Beginnen Sie mit ein paar Jungpflänzchen in einer leeren Kaffedose.

Kaufen Sie einen Sack Erde, schlitzen Sie ihn auf und setzen Sie Tomaten hinein. Fertig ist ein witziges Gemüsebeet. Werfen Sie die alte Babybadewanne nicht auf den Sperrmüll. Vielleicht paßt ein Apfelbäumchen hinein.

Holen Sie sich die Sonderangebote, wenn die Gartencenter die Frühlingsblumen aus den Regalen räumen müssen, weil schon die Geranien im Anmarsch sind.

Pflanzen Sie, experimentieren Sie und genießen Sie Ihre Erfolge

Ihr Balkon wird von Monat zu Monat ein bißchen schöner, und Sie haben in jedem Monat etwas Neues dazugelernt. Also: Schmökern Sie noch ein wenig in diesem Buch, und dann geht's los:

Ziehen Sie die Gartenhandschuhe an und machen Sie sich an die Arbeit! Sie meinen, jetzt im November – oder ist gerade Februar? – doch nicht? Dann lesen Sie mal nach, was im Kapitel Frühlingsblumen steht.

Der Balkonfrühling beginnt nämlich schon im Herbst! Wir wünschen Ihnen viel Freude bei der Arbeit! Der Erfolg stellt sich dann schon ganz von selbst ein!

Was Sie schon immer über Balkonpflanzen wissen wollten

Theorie interessiert Sie gar nicht?
Lesen sie trotzdem weiter, denn nur dann
werden sich Ihre Pflanzen in
voller Pracht zeigen.

Ihr Balkon, Ihre Terrasse, so schön sie auch sein mögen, sind für die Pflanzen immer nur ein Ersatz-Garten.

Und wenn sie ihn noch so liebevoll pflegen und gestalten – ein echter Garten wird nie daraus. Das ganze Ambiente ist und bleibt ein bißchen künstlich, und das bekommen natürlich auch Ihre Pflanzen zu spüren.

• Die Sonne scheint für sie fast immer nur aus einer einzigen Himmelsrichtung? Pflanzen auf einem Westbalkon werden nie einen Sonnenaufgang erleben.

• Vor allem auf Südbalkonen wird Sonnenhitze von den Hauswänden gespeichert und zurückgestrahlt. Auf solchen Balkonen herrschen deshalb bei sehr heißem Wetter oft höhere Temperaturen als am Mittelmeer.

• Starker Wind trocknet die Erde und die Pflanzen noch zusätzlich aus.

• Unter diesen schwierigen Bedingungen leben die Pflanzen meist in lächerlich kleinen Balkonkästen oder Töpfen. In Durstzeiten können sie da nicht, wie ihre Verwandschaft im Garten, mal eben auf tiefer gelegene Wasserreserven zurückgreifen. Drei Zentimeter unter der Wurzel hört's schon auf. Da ist einfach nichts mehr. Ähnlich armselig ist meistens die Ausstattung mit Erde. Aus den paar Litern Sonderangebotserde vom Supermarkt sollen sie genügend Nährstoffe bekommen, um den ganzen Sommer über möglichst ohne Unterbrechung zu blühen.

Mit anderen Worten: Ihre Balkonpflanzen haben's nicht leicht. Wenn sie trotz aller Widrigkeiten so unverzagt und prächtig blühen, dann nicht deshalb, weil ihnen das alles nichts ausmacht, sondern weil sie einen unbändigen Lebenswillen haben. Sie sollten tun, was in Ihren Kräften steht, um Ihren Pflanzen das Leben auf Ihrem Balkon so angenehm wie möglich zu machen.

Das ist gar nicht so schwer. Fünf Punkte sind es, auf die Sie achten müssen, ganz gleich, ob Sie vier Quadratmeter Balkon Ihr eigen nennen oder 80 Quadratmeter Dachterrasse.

1. Geben sie Ihren Pflanzen Licht!

Die meisten Balkonpflanzen sind Sonnenkinder, im Schatten können sie nicht gedeihen. Nehmen Sie darauf Rücksicht, wenn Sie Ihren Balkon bepflanzen. Wenn Sie einen sonnenarmen Balkon haben, vergessen Sie Geranien, Gazanien, Verbenen und Nelken. Und wenn Sie sie noch so gut pflegen – sie werden keine Freude an ihnen haben. Kaufen Sie nicht erst die Pflanzen und suchen anschließend einen Platz dafür, sondern fragen Sie erst den Gärtner, welche für Ihren Balkon mit der oder jener Himmelsrichtung in Frage kommen.

2. Gönnen Sie Ihren Pflanzen Platz

Es ist Ihren Pflanzen völlig gleichgültig, ob sie in einer Apfelsinenkiste, in einem ausrangierten Wäschekorb (mit Folie ausgelegt), in einem alten Zinkeimer oder in einem halbierten Eichenfaß untergebracht werden. Und es interessiert sie auch kein bißchen, ob Ihre Balkonkästen aus Kunststoff, Ton, Eternit oder Edelholz sind. Auch handgeschöpfte Terracotta-Töpfe sind für den Besitzer meist ein viel wichtigeres Thema als für die Bewohner. Unter dem Aspekt der Ästhetik, der Haltbarkeit und der Rentabilität mögen das wesentliche Punkte sein. Für die Pflanze dagegen ist jeder Topf, jeder Kübel, jede ausrangierte Blechdose recht, Hauptsache, sie hat darin:

- *viel Platz;*
- *viel gute, nährstoffreiche Erde;*
- *ausreichend Feuchtigkeit, jedoch ohne das Risiko, in ihrem eigenen Topf zu ertrinken.*

Sorgen Sie also für große Behälter, die im Boden oder an der Seite Löcher haben, durch die das überschüssige Gießwasser gut abfließen kann. Die meisten Pflanzen hassen nasse Füße!
Hat Ihr Kasten oder Container kein Loch und läßt sich auch keines bohren (etwa in Eternitkästen oder in den schönen alten Steinguttöpfen, die Sie noch von Ihrer Großmutter haben), bauen Sie eine Drainageschicht aus einigen Zentimetern Kies oder Hydrogranulat ein, bedecken sie mit einem Abdeckvlies und füllen erst dann den Behälter mit Erde. Im Interesse Ihres

Hausfriedens ist es überaus wichtig, daß Ihre Pflanzgefäße sturmsicher befestigt sind und daß die Bewohner vom Stockwerk drunter nicht durch herabtropfendes Gießwasser belästigt werden. (Dafür sind

TIP

Faustregel für Balkonkästen: Bei Saisonpflanzen reichen im Notfall 15 cm Tiefe und 15 cm Breite gerade aus. Mehrjährige Kleingehölze, Kletterpflanzen und Gartenstauden brauchen dagegen mindestens 40, besser jedoch 60 cm Tiefe und mindestens 40 cm Breite. Am allerwohlsten fühlen sie sich in großen Kübeln und Containern.

Sie haftbar!) Außerdem sollten Sie noch wissen, daß laut Bauordnung pro Quadratmeter Balkonfläche 250 kg Gewicht zulässig sind. Bei der Berechnung sollte man nicht nur an schwergewichtige Pflanzencontainer denken, sondern auch schwergewichtige Balkonbesucher einkalkulieren.

3. Seien Sie doch nicht knauserig bei der Erde

Falls Sie sich jetzt freuen, daß Sie bei den Pflanzgefäßen eine Menge Geld sparen können, ohne daß das Ihren Pflanzen irgendwie schadet – freuen Sie sich nicht zu früh: Sie werden das Geld nämlich gleich wieder los.

Viele Balkonfreunde kaufen zwar edelste Cotto-Gefäße. Da ist ihnen das beste und das schönste gerade gut genug, aber bei der Erde fangen sie an zu knausern. Da nehmen sie die fünfzig Liter zum Billigpreis, die fast zu hundert Prozent aus nährstoffarmem Torf besteht, und machen sich keine Gedanken darüber, woher ihre für ebenfalls teures Geld erworbenen Pflanzen mit dieser Hungerkost Kraft zum Blühen bekommen sollen. Torf ist der Heimatboden für Moorpflanzen, aber das sind unsere Balkonblumen nun mal nicht. In der sauren Moorerde fühlen sich die meisten, mal abgesehen von Azaleen, Rhododendren und Hortensien, äußerst unwohl. Folge: Sie werden schwach und dadurch eine leichte Beute für Schädlinge und Krankheitserreger aller Art.

Die beste Erde ist für Ihre Pflanzen gerade gut genug! Je naturähnlicher die Erde, desto schöner, gesünder und kräftiger die Pflanzen.
Lassen Sie also das Billigangebot beim Supermarkt links liegen und fahren Sie in eine Gärtnerei oder in eine Samenhandlung. Dort gibt es die sogenannte Einheitserde, die für fast alle Pflanzen gleich gut geeignet ist. Sie besteht aus angereichertem Humus und/oder Torf und enthält zusätzlich wachstumsfördernde Substanzen. Für – je nach Preis – unterschiedliche Typen gibt es unterschiedliche Düngezusätze, entweder für mehrere Wochen oder sogar für die gesamte Saison. Lassen Sie sich vom Fachmann erklären, was die Abkürzungen auf dem Sack bedeuten. Und fragen Sie auch danach, ob die Erde vor der Verwendung angefeuchtet werden muß (steht allerdings meistens auf der Verpackung.)

TIP

Wenn Sie, wie empfohlen, an der Erde nicht gespart haben, können Sie, etwas aufgebessert, diese im nächsten Jahr noch einmal verwenden. Entfernen Sie abgeblühte Pflanzenreste, kratzen Sie die oberste verhärtete Erdschicht ab und ersetzen sie durch frische Erde. Geben Sie etwas organischen Dünger dazu und vermischen alles kräftig miteinander.

Rezept für selbstgemachte Erde

Wenn Sie mögen, stellen Sie ihre eigene Spezialmischung wie folgt zusammenstellen:

- *4 Teile Humus (Laubkompost, Rindenkompost oder Torferde);*
- *1 Teil grober Sand (kalkfrei, aus dem Baugeschäft);*
- *1/2 Teil Tonerde (Agrarbetonit) oder 2 Teile lehmige Gartenerde von Gartenbesitzern aus dem Bekanntenkreis oder 1 Teil gut abgelagerter Kompost;*
- *organischer Volldünger oder Horn- oder Knochenmehl.*

Falls Ihnen diese Mischung zu kompliziert ist, so versuchen sie es mit zwei Drittel Torf und einem Drittel gute Gartenerde, dazu, je nach Menge, eine Portion organischen Volldünger.
Auch mit dieser Erde dürften fast alle Ihre Pflanzen einverstanden sein.

4. Richtig düngen ist eine Kunst

Mit der in der Einheitserde enthaltenen Düngerration kommen die Balkonpflanzen eine Zeitlang – meist vier bis sechs Wochen – über die Runden. Aber dann schreien sie nach mehr. (Außer, Sie haben dauergedüngte Erde gekauft, die reicht eine Saison.) Meistens wird auf deutschen Balkonen eher zu wenig als zu viel gedüngt. Die Pflanzen blühen dann zwar auch, aber nur mit halber Kraft. Nicht annähernd so prachtvoll wie etwa bei der Bäuerin in Ihrem Urlaubsort im Voralpenland, deren Geranien sich – zu Ihrem geheimen Neid – in jedem Sommer förmlich überschlagen. Das Erfolgsgeheimnis ist der richtige Dünger. Aber wie düngt man richtig? Die wichtigsten Pflanzennährstoffe sind Stickstoff, Phosphor und Kali. Stickstoff unterstützt das Wachstum der Pflanzen, Phosphor fördert die Blühfreudigkeit, Kali ist für die Gesundheit der Blätter verantwortlich. Außerdem benötigen die Pflanzen noch etliche Spurenelemente. Zum Teil sind diese Nährstoffe in der Erde und in der Luft enthalten. Aber oft reicht der natürliche Vorrat einfach nicht aus. Da muß dann nachgeholfen werden. In jedem Gartencenter gibt es ein Riesenangebot von Düngemischungen, in denen diese Elemente enthalten sind. Feste und flüssige organische Dünger, die über den Boden wirken, und Mineraldünger, die sofort an die Pflanzenwurzel gehen und zwar schnell, aber längst nicht immer schonend genug wirken. Balkongärtner, die natur- gemäß gärtnern wollen, verwenden grundsätzlich nur organische Dünger. Dazu gehören feingemahlenes Horn- Blut- und Knochenmehl, getrockneter Rindermist oder

TIP

Wenn Sie Ihre flachwurzelnden Saisonpflanzen in große Töpfe pflanzsen möchten, können Sie die untere Hälfte des Gefäßes mit Styroporflocken füllen. Styropor verschafft eine ausgezeichnete Drainage, ist viel leichter und auch viel preiswerter als wertvolle Gartenerde. ihre einjährigen Pflanzen sind mit ca. 30 cm Erde vollauf zufrieden. Was darunter ist, interessiert sie nicht mehr.

Guano-Dünger von Seevögeln. Diese Dünger werden leicht in die Balkonerde eingearbeitet.

TIP

Die Geranien der Bäuerin in Ihrem Urlaubsort sind mit einiger Sicherheit deshalb so prächtig, weil sie mit Hühnermist gedüngt werden. Auch wenn Sie nicht über eigenes Federvieh verfügen, mit Guano-Dünger erreichen Sie einen ähnlichen Effekt.

5. Wässern – aber bitte nicht ersäufen

Wasser ist lebenswichtig. Ohne genügend Wasser würden Ihre Pflanzen schon in kürzester Zeit vertrocknen. Ausreichend gegossene Pflanzen haben außerdem noch ein viel stärkeres Abwehrsystem. Wenn es um die Bekämpfung von Ungeziefer geht, leisten sie viel mehr Widerstand als Pflanzen, die durch häufigen Durst geschwächt sind. Hüten Sie sich aber andererseits auch vor allzu großzügigem Umgang mit der Gießkanne. Damit fordern Sie nämlich auch das Unheil heraus. Matschiger Boden ist die beste Voraussetzung für Krankhei-

ten und Pilzinfektionen. Genaue Richtlinien für korrektes Gießen gibt es leider nicht. Die Experten streiten auch noch darüber, ob das Wasser abgestanden sein muß oder ob es ruhig frisch aus der Leitung kommen darf (vermutlich). Aber in anderen Punkten sind sie einer Meinung:

- An heißen Tagen sollten Sie möglichst zweimal gießen.
- Nie die Erde mit Wasser überschwemmen. Geben Sie Ihren Pflanzen Zeit, sich in Ruhe sattzutrinken.
- Gießen Sie die Erde und die Wurzeln, nach Möglichkeit nicht die Blätter und die Blüten.
- Gießen Sie nie in der prallen Sonne, sondern morgens und abends.
- Je kleiner das Gefäß ist, desto häufiger muß gegossen werden.

Was tun im Urlaub?

Der mehrwöchige Sommerurlaub ist für alle, die ihren Balkon das ganze Jahr lang liebevoll gepflegt haben, ein riesiges Problem. Zwar gibt es im Handel vollautomatische Bewässerungsanlagen. Aber die sind nicht eben billig, und so sind viele Balkonbesitzer versucht, nach einer Ersatzlösung Ausschau zu halten. Hier ein paar typische Notlösungen:

- Bringen Sie die Balkonpflanzen in ein kühles Zimmer.
- Stellen Sie ihre Lieblingspflanzen in ein Torfbeet. Füllen Sie eine Plastikwanne mit Torf, und gießen Sie so lange, bis der Torf durchgeweicht ist. Dann stellen Sie die Blumentöpfe bis an den Topfrand dort hinein.
- Versorgen Sie Ihre Pflanzen mit einem automatischen Feuchtigkeitsspender (erhältlich im Fachhandel) und hoffen Sie auf Ihr Glück.
- Stellen Sie Ihre Balkonkästen in größere Balkonkästen (ohne Loch), in die Sie Wasser gefüllt haben.
- Ziehen Sie große Kübel in den Schatten.
- Decken Sie die Oberfläche Ihrer Töpfe mit reichlich nassem Torf ab.

Aber all das sind wirklich nur Notlösungen, mit denen Sie Ihre Balkonpflanzen allenfalls ein paar Tage über die Runden bringen können. Für längere Urlaube hilft, wenn Ihnen vollautomatische Bewässerungssysteme zu teuer oder zu kompliziert erscheinen, wirklich nur ein freundliches Gespräch mit den Nachbarn oder, noch besser, mit deren Kindern, die sich ein paar Mark Taschengeld zusätzlich verdienen möchten.

Herbst und Winter – kein Grund zur Melancholie

Die Sommerblumen sind verblüht, die Kübelpflanzen schon ins Winterlager umgezogen, die Tomaten abgeerntet, die Blumenzwiebeln für das nächste Frühjahr im Kasten. Was nun? Den Balkon abschließen und vergessen bis zum nächsten Jahr? Schade um die wunderschönen Herbsttage, an denen man so gern einen Sessel auf den Balkon rückt, um die letzten Sonnenstrahlen einzufangen. Schade um den schönen Blick nach draußen, den Sie längst liebgewonnen haben. Seien Sie verschwenderisch: Gönnen Sie sich ein paar Töpfe mit Chrysanthemen, Herbstastern, Silberkraut, Herbstkrokus und Erika. Belohnen Sie sich – egal wofür – mit ein paar immergrünen Buchsbäumchen. Stekken Sie ein paar bunte Rosenkugeln dazwischen, und, wenn es schneit, grüne Tannenzweige. Kaufen Sie sich im Dezember ein Weihnachtsbäumchen im Container und schmücken Sie es mit Beeren und einer Lichterkette. Sammeln Sie bei Waldspaziergängen Tannenzapfen und legen Sie diese in verwaiste Töpfe.

Und viel schneller als Sie denken ist Februar. Zeit, täglich nachzuschauen, wann sich die ersten Christrosen, Schneeglöckchen und Winterlinge blicken lassen.

Und wenn Sie es gar nicht abwarten können: Rücken Sie den Kasten mit den allerersten Frühlingsboten an die Stelle Ihres Balkons, die die meiste Sonne bekommt. Ehe Sie sich versehen, sind sie da: Der Frühling hat bereits begonnen!

TIP

Wer seine Petunien Ende September nochmals abknipst, hat bis zum ersten Frost herrliche Blüten!

Krankheiten und Schädlinge

Wenn sie Ihre Pflanzen gut pflegen, werden Sie auf Ihrem Balkon vermutlich nicht allzu viele Probleme haben.
Richtig ernährte und ausreichend gegossene Pflanzen, die am richtigen Platz, auf nicht zu engem Raum in guter Erde stehen, sind nicht nur ziemlich immun gegen Krankheiten, sondern auch für Blattläuse, Spinnmilben und Co. uninteressant. Warum sollen sie sich so viel Mühe mit den kräftigen Blättern machen, wenn die Blumen auf dem Nachbarbalkon eine viel leichtere Beute bilden? Fast 90 Prozent der klassischen Schadensmeldungen lassen sich durch gute Pflege vermeiden. Warnsignale, auf die Sie achten sollten, finden Sie in der Tabelle auf Seite 28.
In manchen Jahren machen die Schädlinge trotz guter Pflege vor dem Balkon nicht halt. In der Tabelle auf Seite 29 können Sie nachlesen, wie Sie Ihre Feinde entlarven und bekämpfen können.

Abbildung links: Herbstastern

Warnsignale	Mögliche Ursache	Behandlung
Die Pflanze läßt die Blätter hängen	*Zu viel oder zu wenig Wasser. Ist die Erde zu naß oder zu trocken? – Kleine gelbe Punkte an der Unterseite der Blätter: Spinnmilben!*	*Weniger oder mehr gießen. Den Kampf gegen die Spinnmilben aufnehmen. (siehe Seite 29)*
Die Blätter werden heller oder verändern ihre Farbe	*Zuviel Sonne oder Lichtmangel. Überdüngung oder Nährstoffmangel. Auf der Unterseite der Blätter Spinnmilben.*	*Mehr Licht oder mehr Schatten. Schnell wirkender Flüssigdünger als erste Hilfe. Bei Spinnmilben Blätter mit milder Seifenlauge abwaschen.*
Bißwunden und Löcher in den Blättern	*Raupen oder (auf dem Balkon selten) Schnecken.*	*Das Ungeziefer absammeln.*
Verkrüppelter Wuchs	*Wassermangel, Wurzelschäden oder zu kalte Temperaturen.*	*Knipsen Sie die häßlichen Teile ab. Prüfen Sie nach, ob die Erde zu trocken ist.*
Klebrige schwarze Schmiere auf den Blättern	*Blattläuse. Das klebrige Zeug ist der Honigtau, den sie ausscheiden. Die schwarze Schmiere ist Schimmel, der darauf wächst.*	*Waschen Sie die befallenen Stellen mit Seifenwasser ab.*
Flecken auf den Blättern	*Alle möglichen Krankheiten und einige Arten von Insekten.*	*Die am stärksten befallenen Blätter entfernen. Herabgefallene Blätter und Blüten aufsammeln. Bessere Durchlüftung des Erdreichs.*
Pflanze wächst nicht, sieht schlapp aus	*Wassermangel, Hunger, verhärtete Erde.*	*Erdfeuchtigkeit kontrollieren, Erde lockern. Flüssigdünger als Notration verabreichen.*

Feinde	Pflanzensymptome	Behandlung
Blattläuse	*Klebrige Ausscheidungen auf den Blättern, gekräuselte und eingerollte Blätter. Die Blattläuse selbst können rot, grün, gelb, braun oder schwarz sein.*	*Läuse abstreifen. Pflanze mit Brennesselbrühe (Mischung kann man kaufen) oder milder Seifenlauge abwaschen. Danach mit Wasser abspülen.*
Spinnmilben	*Sie sind grün oder rot und saugen meist an der Blattunterseite. Saugstellen bleiben als gelbe oder braune Pünktchen erkennbar. Die Pflanzen sind mit weißlichem Gespinst überzogen und verkümmern.*	*wie Blattläuse*
Schildläuse	*Sie sitzen meist an den Blättern und Ästen von hartlaubigen Gehölzen. Schwer erkennbar, da sie sich farblich nicht abheben. Die Pflanzen haben an Blättern und Stengeln harte Pickel.*	*Mit Schmierseife und einer kleinen Bürste vorsichtig die Schildläuse entfernen, mit Wasser nachspülen.*
Grauschimmel	*Pilz, der bei wenig Platz und viel Feuchtigkeit weit verbreitet ist.*	*Faule Blätter und Pflanzenteile entfernen.*
Echter Mehltau	*Weißer Belag an Blättern, Stengeln und Knospen, vor allem bei Rosen, Begonien, Geranien und Nelken.*	*Biologische Präparate (Schwefelmittel) aus dem Fachhandel und frühzeitiges Entfernen aller befallenen Blätter.*

Der Balkon im Frühling

Für manche Balkongärtner beginnt der Frühling schon im Herbst. Aber keine Sorge: Für einen blühenden Frühjahrsbalkon ist es fast nie zu spät.

Sie haben einen großen Entschluß gefaßt; Ihr Balkon soll künftig rund ums Jahr Ihr grünes Zimmer sein – und nicht nur das Sommerquartier für ein Dutzend Geranien und während der übrigen Zeit der Abstellplatz für den Bierkasten.

Falls jetzt schon Herbst oder auch schon früher Winter ist, nichts wie hinein mit den Blumenzwiebeln in die verwaisten Balkonkästen! Wenn Ihre Geranien, Tomaten und Löwenmäulchen noch nicht daran denken, ihren Platz aufzugeben, haben Sie auch noch Zeit bis zum ersten strengen Frost.

Zu kaufen gibt es die großen und kleinen, dicken und dünnen Zwiebeln plötzlich überall, und wenn man sie kaufen kann, ist auch die richtige Zeit zum Pflanzen. Packen Sie so viele und so verschiedene Sorten in Ihre Kästen und Container, wie nur hineinpassen. Und denken Sie dran: der Frühling besteht längst nicht nur aus Tulpen und Narzissen!

Schneeglöckchen und gelbe Winterlinge blühen bereits im Februar, dann folgen die ersten Krokusse, Schneestolz, Scilla, Zwergiris, etwas später blühen Traubenhyazinthen und Narzissen und Tulpen in allen Größen und Sorten.

Kaufen Sie ein, was Ihnen über den Weg läuft, buddeln Sie's in die leeren Balkonkästen – und warten Sie auf den Tag, an dem Ihr Nachbar mit fünf Primeln und vier Stiefmütterchen die Balkonsaison eröffnet und zufällig zu Ihnen herüberschaut!

In der ersten Saison wachsen die Zwiebeln völlig von allein. Alles, was sie zum Gedeihen brauchen, haben sie bereits bei sich. In der Zwiebel ist nicht nur die ganze Pflanze enthalten – sie wartet nur noch auf das Startsignal! – sondern auch ihr gesamter "Lebensmittelvorrat".

Erst in der nächsten Saison braucht sie zum Überleben ihre tatkräftige Unterstützung.

Zunächst kommt es aber nur darauf an, daß Sie die richtigen Zwiebeln kaufen. Seien Sie wählerisch. Sie können sicher sein: Aus einer drittklassigen Zwiebel wächst nie eine erstklassige Tulpe!

Tips für den Einkauf

• Zwiebeln in Säckchen abgepackt kosten meist weniger als Einzelstücke. Kaufen Sie Ihre Zwiebeln trotzdem am besten Stück für Stück. Auf diese Weise können Sie sicher sein, daß keine Nieten dabei sind.
• Wählen Sie mit Bedacht. Nehmen Sie jede einzeln in die Hand und inspizieren Sie sie gründlich. Dabei spüren Sie sofort den Unterschied zwischen prallen, kräftigen und mickerigen, verschrumpelten Exemplaren.
• Machen Sie einen Bogen um alle Zwiebeln, die Risse oder Dellen haben. An den schadhaften Stellen können leicht Ungeziefer oder Krankheitserreger in die Zwiebel eindringen.
• Zählen Sie nach, wieviel Augen eine Zwiebel hat – je mehr, desto besser. Aus jedem Auge oder Trieb wird eine Blüte wachsen.
• Kaufen Sie von jeder Sorte und Farbe gleich mehrere – je mehr, desto besser.
• Wählen Sie von allen Sorten, wenn möglich, immer die kurze, stämmige Form – Sie haben mehr davon!
• Kaufen Sie von jeder Sorte und Farbe möglichst viele Exemplare. Frühlingsblumenzwiebeln wirken am besten in der Menge!

Pflanzanleitung

Wie schon gesagt, in der ersten Generation können Sie fast nichts falsch machen. Deshalb verraten wir Ihnen hier auch nur ein paar Tricks.
• Wenn Sie Ihrer geplagten Sommererde ein paar Löffel organischen Dünger zukommen lassen wollen, nur zu. Notwenig ist es aber nicht. Alles, was die Pflanze zur Ernährung braucht, trägt sie bereits in sich. Knochenmehl und Blumenzwiebeldünger sind eine feine Sache, aber in der ersten Saison bekommen Sie die prächtigen Blüten sozusagen gratis.
• Pflanzen Sie jede Menge Zwiebeln von einer Sorte in einen Kasten oder Behälter. Je mehr Blüten, desto größer der Effekt.
• Vergessen Sie den auf der Packung vorgeschriebenen Pflanzabstand. Ihre Frühlingsblumen gedeihen auch dann, wenn sie enger als angegeben beieinander stehen.

In der oberen Reihe sind folgende Frühlingsblüher aus Zwiebeln: Zwergiris (links), Krokusse und Schneeglöckchen (Mitte), etwas später blühende Tulpen (rechts). Die niedrigen Wildsorten sind gut für den Balkon geeigenet. Untere Reihe: Ab März zu kaufen gibt es Stiefmütterchen (Mitte) und Primeln (rechts) in vielen Farben.

TIP

Besonders pflegeleichte niedrige Tulpensorten:
Steingartentulpen
Tulipa Greigii
Tulipa Kaufmanniana
Tulipa Fosterana

• Haben Sie keine Skrupel, wenn Sie viele Ihrer Zwiebeln nicht so tief einbuddeln wie angegeben. Wenn der Winter nicht gar so hart ist, kommen die Blumen auch dann, wenn Sie sie nur halb so tief wie vorgeschrieben einpflanzen. (Wenn es wirklich längere Zeit bitterkalt ist, sollten Sie Ihre Blumenkästen so lange im kühlen Keller unterbringen.)

• Grämen Sie sich nicht, wenn Sie ein paar Zwiebeln versehentlich falsch herum – also mit dem Kopf nach unten – eingegraben haben. Die Pflanzen blühen trotzdem richtig herum. Aber achten Sie künftig trotzdem darauf, wo oben und wo unten ist; ohne die Kurskorrektur wachsen die Zwiebeln schneller.

• Bedecken Sie Ihre Kästen und Container mit einer großzügigen Mulchschicht.Herbstlaub eignet sich hervorragend, und später dann die Zweige von Ihrem Christbaum – die sehen auch noch sehr hübsch aus.

• Gießen Sie nicht, tun Sie nichts weiter. Lehnen Sie sich zurück und warten Sie. Im nächsten Frühjahr kommt Ihre große Stunde!

Wenn Sie Ihre Zwiebeln für das nächste Jahr aufheben möchten

Das ist für Balkongärtner schon aus Platzgründen meist nicht so einfach. Wenn die Pflanze keine Zeit hatte, in Ruhe abzuwelken, bis auch das letzte Blatt vergilbt und trocken geworden ist, wird sie nie wieder richtig blühen. Sie bezieht nämlich alle Nährstoffe für die nächste Saison aus den Blättern. Die welkenden Blätter abzuschneiden, auch wenn sie noch so häßlich aussehen, bedeutet, die Pflanze dem Hungertod auszuliefern.

Wenn Sie Ihre Zwiebeln in der nächsten Saison wiedersehen möchten, müssen Sie also in Ruhe abwarten, bis sie sich zurückgebildet haben. Erst dann können sie bis zum nächsten Herbst in den Keller.

Frühlingsbalkon auf die Schnelle

Wenn Sie dies Büchlein erst im Frühling in die Hand nehmen, dann brauchen Sie trotzdem nicht auf Ihren blühenden Frühlingsbalkon zu ver-

Blühkalender

	Januar	Februar	März	April	Mai	Juni
Schneeglöckchen		■	■			
Winterling		■	■			
Scilla		■	■	■	■	■
Zwergiris		■	■	■		
Hyazinthe				■	■	
Traubenhyazinthe				■	■	
Schneestolz				■	■	
Zwergtulpen			■	■	■	
Zwergnarzissen		■	■	■		
Krokus		■	■	■		

zichten. In allen Gärtnereien gibt es verführerische Töpfe mit Frühlingsboten in allen Formen und Farben. Auch Blumenzwiebeln können Sie kaufen. Nur keine falsche Scham. Jeder hat mal klein angefangen. Setzen Sie die Töpfchen in Ihren Balkonkasten und nehmen Sie sich vor, im nächsten Jahr rechtzeitig anzufangen. Zu Beginn der Saison sind vor allem vorgetriebene Krokusse, Tulpen, Hyazinthen und Narzissen noch ziemlich teuer. Je näher jedoch die Saison fortschreitet, und je mehr Nachschub an den verschiedensten Frühlingsblumen in die Gartencenter geliefert wird, desto knapper wird der Platz – die "alten" müssen weg. Nun beginnt die Zeit der Sonderangebote. Greifen Sie zu. Kaufen Sie möglichst die Töpfe, deren Inhalt viele Knospen hat – und Sie werden noch wochenlang ihre Freude daran haben.

Zusätzlich oder anstelle der Zwiebeln gibt es ab März in allen Gartengeschäften für relativ wenig Geld Stiefmütterchen, Bellis (Tausendschön, Maßliebchen), Vergißmeinnicht und vor allem Primeln in allen nur denkbaren Farben. Kaufen und kombinieren Sie nach Herzenslust. Denken Sie aber bitte daran, daß diese Pflanzen im Gegensatz zu den Zwiebeln keine stärkere Kälte vertragen. Wenn es nachts noch mal kalt wird, sollten Sie Ihre Primeln und Co. an die Hauswand rücken und dick mit Zeitungspapier abdecken oder sicherheitshalber gleich mit in die Wohnung nehmen.

Es müssen nicht immer Geranien sein

Irgendwann im Mai beginnen die Stiefmütterchen zu wuchern und die Tulpen zu schießen. Die Narzissen vertrocknen: Der Balkonsommer kann beginnen!

Einmal Geranien, immer Geranien?

Natürlich ist nichts gegen die klassischen Balkonschönheiten einzuwenden, die die Botaniker ebenso hartnäckig wie erfolglos als Pelargonien bezeichnen. In der Beliebtheitsskala der Balkonpflanzen sind sie unangefochten die Nummer eins. Es gibt wirklich auch nichts Schönereres. Abgesehen natürlich von den leuchtend bunten Petunien, prächtigen Fuchsien, strahlend blauen Lobelien, von Begonien, Gazanien, Wandelröschen und Verbenen. Und dann sind da noch die ganzen einjährigen Sommerblumen, die viele Nachbarn neuerdings in ihre Balkonkästen säen oder setzen. Ganz zu schweigen von den Balkonrosen, die neuerdings in vielen Gärtnereien angeboten werden.

Wer die Wahl hat, hat die Qual

Jedes Jahr, spätestens nach den Eisheiligen, sind plötzlich in allen Gärtnereien, auf jedem Markt, selbst in jedem Supermarkt die schönsten Sommerpflanzen zu sehen (und zu kaufen). Aber alle Pflanzen sehen so verlockend, so bunt, so sommerlich aus, für welche entscheidet man sich nur?

Zum Glück gibt es ein paar Gesichtspunkte, die die Auswahl ein bißchen einschränken. Viele Pflanzen gedeihen nur in der Sonne – wer ihnen das nicht bieten kann, sollte um diese Sorten einen Bogen machen. Es gibt genügend andere Pflanzen, die sich nur im Schatten oder wenigstens im Halbschatten so richtig wohlfühlen.

Sie stehen zweifelnd auf Ihrem Balkon und überlegen, ob Ihr Südbalkon genügend Sonne bietet, wo sie doch erst mittags um die Ecke biegt? Das ist ganz einfach: Ein Südbalkon gilt als sonnig, einer nach Osten oder Westen als halbschattig, ein Nordbalkon als schattig. Natürlich sind die meisten Pflanzen ein wenig kompromißbereit, aber an Fleißigen Lieschen werden Sie auf Ihrem Südbalkon nicht viel Freude haben.

Diese Pflanzen lieben die Sonne:
Australisches Gänseblümchen *(Brachycome)*
Eisenkraut *(Verbena)*
Geranie *(Pelargonium)*
Löwenmäulchen *(Antirrhinum)*
Mittagsgold *(Gazania)*
Petunie *(Petunia)*
Steinkraut *(Alyssum)*
Studentenblume *(Tagetes)*
Topfrose *(Rosa)*
Wandelröschen *(Lantana)*
Zinnie *(Zinnia)*

Pflanzen, die im Halbschatten gedeihen:
Glockenblume *(Campanula)*
Goldlack *(Cheiranthus)*
Lobelie *(Lobelia)*
Margerite *(Chrysanthemum)*
Nelke *(Dianthus)*
Ranunkel *(Ranunculus)*
Ringelblume *(Calendula)*
Schleifenblume *(Iberis)*
Ziertabak *(Nicotiana)*

Pflanzen, die den Schatten lieben:
Akelei *(Aquilegia)*
Begonie *(Begonia)*
Buchsbaum *(Buxus)*
Efeu *(Hedera)*
Fleißiges Lieschen *(Impatiens)*
Fuchsie *(Fuchsia)*

Tips für den Einkauf

Die meisten Ihrer Balkonpflanzen werden Sie, schon aus Platzgründen, nicht selbst aussäen, sondern kaufen.

Beim Einkauf der bunten Pracht in den Gewächshäusern und auf dem Marktplatz sollten Sie, außer der Himmelsrichtung Ihres Balkons, noch ein paar andere Dinge beherzigen:

• Die Pflanzen müssen kurz und stämmig sein, keinesfalls lang und dünn.

• Pflanzen mit vielen Knospen sind, auch wenn sie noch nicht blühen, vielversprechender als solche, die zwar schon ein paar Blüten haben, aber nicht mehr viele Knospen.

• Suchen Sie möglichst grüne Exemplare aus. Aber selbst wenn die Pflänzchen ein wenig blaß sind, bedeutet das nichts Schlimmes. Bei Lichtmangel passiert das häufig. Sobald die Blumen aus dem Regal ins Sonnenlicht kommen, ergrünen sie wieder.

• Größer ist längst nicht immer besser. Jungpflänzchen werden oft in Plastikcontainern zu viert oder zu sechst verkauft, und die größeren Pflanzen sind die, die schon am längsten unverkauft her-

Viele Balkonblumen sind Sonnenanbeter: Die mächtig wuchernde Schleifenblume (oben), das duftende Wandelröschen (links unten), die prachtvolle Gazanie (oben rechts) und die zarte Verbene (unten rechts) blühen an einem sonnigen Platz fast ohne Pause den ganzen Sommer lang. Wer viel Schatten auf dem Balkon hat, muß vorsichtig auswählen: Fuchsien (links oben) sind ein guter Tip.

umgestanden haben. Möglicherweise sind ihre Wurzeln schon so zahlreich und so verwickelt, daß sie das Umpflanzen nicht mehr überstehen würden.

• Je größer der Topf, desto besser für die Pflanze. Ein neuer Trend bei den Gärtnern ist, die Pflanzen gleich in größere Töpfe zu säen. Dann hat die Wurzel genügend Platz. Die Pflanze kann sogar schon blühen und überlebt trotzdem den Umzug auf Ihren Balkon ohne Probleme. Solche Pflanzen sind ideal für ungeduldige Balkongärtner, die nicht mit dem Pfennig rechnen müssen.

• Achten Sie nur darauf, daß Sie die Blumen vor dem Verpflanzen ein oder zwei Tage lang auf Ihrem Balkon im Halbschatten abhärten.

Und nun leeren Sie Ihre Balkonkästen, legen noch nicht ganz verwelkte Tulpen und Narzissen zum Abwelken beiseite für das nächste Jahr, suchen alle leeren Töpfe, Container, Blechdosen, Körbe und Hängeampeln überall im Haus oder in der Wohnung zusammen und lassen Sie den Sommer Einzug halten.

Die 10 Gebote für's Pflanzen von Balkonblumen

1. Es ist wirklich gleichgültig, in welches Gefäß Sie ihre Blumen pflanzen. Hauptsache, der Behälter hat ein Loch, aus dem überschüssiges Wasser abfließen kann.

2. Seien Sie beim Einkauf der Erde nicht knauserig. Kaufen Sie gute Erde. Die Pflanzen müssen den ganzen Sommer lang darin Höchstleistungen erbringen.

3. Wenn Sie eigenen Kompost haben, verbessern Sie die gekaufte Erde damit.

4. Geben Sie eine Schicht aus Kieseln, Blähton oder Styroporflocken zuunterst in den Behälter. Das spart Erde und bildet eine gute Drainage.

5. Füllen Sie nur soviel Erde in den Topf, daß Sie noch gießen können, ohne daß die Erde dem Nachbarn unter Ihnen auf den Balkon geschwemmt wird.

6. Lassen Sie den Blumen im Kasten Platz zum Wachsen.

7. Pflanzen Sie nicht in gerader Reihe, sondern versetzt.

8. Gießen Sie die Pflanzen gut an.

9. Beginnen Sie vier Wochen nach der Pflanzung mit kräfti-

ger Zusatzdüngung. Einjährige Sommerblumen, die dauernd blühen sollen, müssen erstklassig ernährt werden.
10. Gießen Sie regelmäßg, an heißen Tagen sogar morgens und abends, und erzählen Sie Ihren Blumen immer wieder einmal, wie schön sie sind.

Pflanzen für den Sommerbalkon

Auf den nächsten Seiten stellen wir Ihnen vier Klassiker unter den Balkonpflanzen vor, von denen Sie vermutlich mindestens eine schon einmal auf Ihrem Balkon hatten. Wenn Ihre Geranien oder Fleißigen Lieschen, Ihre Petunien oder Begonien nicht so recht gedeihen wollten, vielleicht erfahren Sie hier, woran das gelegen hat.
Aber weil Sie ja keinen gewöhnlichen Balkon haben möchten, zeigen wir Ihnen außerdem vier Blumensorten, die Sie bisher nur aus dem Garten kennen. Kaum jemand ist auf die Idee gekommen, sie auf dem Balkon zu pflanzen. Doch nun haben die Züchter kurze, stämmige Formen hervorgebracht, und Sie können Ihren Balkon in einen Bauerngarten verwandeln. Zunächst jedoch die Klassiker:

Geranie

(Pelargonium)

Die Königin der Balkonblumen mit den hübsch geformten Blättern und den prächtigen Blüten gibt es in vielen Sorten und Farben: Sie ist unkompliziert und verträgt sich mit fast allen anderen Pflanzen, so daß man sie im Balkonkasten hervorragend mit verschiedenen Sorten kombinieren kann. Pflanzen Sie Geranien möglichst noch am Tag des Einkaufs, am besten am Abend eines bedeckten Tages. Wässern Sie gründlich und sorgen Sie dafür, daß sie die ersten ein bis zwei Tage im Schatten verbringen können. Das brauchen sie, um sich besser einleben zu können. Wenn Ihre Geranien danach mindestens einen halben Tag Sonne bekommen (jedenfalls dann, wenn sie scheint) und wenn überschüssiges Gießwasser ablaufen kann, werden Sie an ihnen nur Freude haben. Entfernen Sie regelmäßig Verblühtes, dadurch wird die Pflanze zu neu-

Gute Bekannte, aber immer wieder schön: Geranien (oben) und Petunien (rechts) sind die Klassiker unter den Balkonblumen. Die Geranie ist auf deutschen Balkonen unangefochten die Nummer eins. Bei der zarten Petunie gelingen den Züchtern jedes Jahr neue und bezaubernde Farbkombinationen.

er Blüte angeregt. Knipsen Sie auch lange Stiele gelegentlich ab, dann wird die Pflanze buschiger und kompakter.

Überwintern

Sie können, wenn Sie den Platz dazu haben, Ihre Geranien an einem kühlen Platz überwintern lassen. Geeignet als Winterquartier ist ein kühler Keller (nicht über 10° C), möglichst mit Fenster. Gießen Sie einmal in der Woche ein wenig und lüften Sie gelegentlich. Im Frühjahr müssen Sie die blassen Wintertriebe entfernen, die Pflanze auf 20 cm zurückschneiden, kräftiger gießen und langsam ans Helle gewöhnen. Auf ähnliche Weise bringen Sie auch Strauchmargeriten, Fuchsien und Wandelröschen über den Winter. Die einjährigen Balkonpflanzen dagegen haben sich nach einem Sommer völlig verausgabt. Es lohnt sich nicht, sie über den Winter zu retten.

> **TIP**
>
> *Wenn Sie wenig Zeit zur Geranienpflege haben, empfehlen wir Ihnen starkwüchsige, reichblühende Sorten, die "selbstpflegend" sind. Sie lassen abgeblühte Blütenblätter einfach fallen; Fragen Sie nach "französischen Pelargonien".*

Aber Sie können von Ihren Geranien, Fuchsien und Lieschen auch Stecklinge für die nächste Saison heranziehen.

Stecklinge

Nehmen Sie in der Zeit, in der die Pflanze am kräftigsten blüht (also im Hochsommer) von einem der Seitentriebe ein 5-10 cm langes Stück ab. Ein Steckling sollte drei bis sieben Blätter haben. Schneiden Sie den Stengel direkt unter einem Blatt ab und entfernen Sie das unterste Blattpaar und auch alle Knospen und Blüten. Setzen Sie 4-5 Stecklinge in einen Topf mit Vermehrungssubstrat (oder eine Mischung aus je zur Hälfte Torf und Sand) und stülpen Sie eine Plastikhaube darüber. Nach 4-6 Wochen in diesem Minitreibhaus haben die meisten Stecklinge Wurzeln gebildet und ziehen um in einen eigenen Topf, der mit einer Mischung aus Erde und Torf gefüllt ist. Dann werden sie zum Überwintern in einen möglichst hellen, frostfreien

Raum gebracht. Im Frühling kommen sie nochmals in größere Töpfe und werden heller gestellt und gestutzt, damit sie schöner und kräftiger wachsen. Nach den Eisheiligen sind sie dann fertig für den Balkon.
Meistens klappt es mit der eigenen Aufzucht. Aber wenn Sie dafür weder die Passion noch Platz haben – ab April gibt es überall für wenig Geld die schönsten Pflanzen!

Petunie

(Petunia)

Sie sind die pflegeleichtesten Pflanzen mit der kräftigsten Blüte, der längsten Blühperiode, den hinreißendsten Farben. Sie wachsen fast ohne Pflege selbst auf armem Boden und haben praktisch keine Krankheiten. Petunien lieben die Sonne, sind aber auch mit Halbschatten zufrieden und fühlen sich bei kühlem Wetter am wohlsten. Regen allerdings hassen sie – in einem regenreichen Sommer kann man ihre ganze Schönheit nur ahnen. Wenn es kühl ist, wachsen sie schön buschig. Wird es ihnen zu heiß, oder bekommen sie nicht genügend Licht, so treiben sie aus Protest nur einen einzigen Sproß. Mitte Juli sollten Sie Ihre Petunien 10-12 cm über der Erde abknipsen. Das tut weh, sicher. Aber zwei Wochen später blühen sie schöner und kräftiger als je zuvor.

Fleissiges Lieschen

(Impatiens)

Die wunderhübsch altmodischen Lieschen in den zauberhaften Farben (außer weiß alle Schattierungen von rot, rosa und lila) lieben den Halbschatten und blühen auch ohne Sonne. Allerdings können sie Kälte und Trockenheit nicht ausstehen. Pflanzen Sie sie also nicht zu früh im Jahr und haben Sie immer eine volle Gießkanne parat.

TIP

Graben Sie am Ende des Sommers vor dem ersten Frost ihre schönsten Lieschen aus und nehmen Sie sie mit ins Haus. Da blühen sie noch monatelang unermüdlich und kräftig weiter.

Fleißige Lieschen (links) brauchen ein schattiges Plätzchen und viel Wasser. Die unkomplizierten gelben Ringelblumen (oben) sind Bauerngartenkinder, die nun auch unsere Stadtbalkone erobern. Begonien (unten) gibt es in vielen neuen Farben.

Das Nette an den Lieschen ist, daß sie sich selbst reinigen. Verblühte Blüten fallen einfach auf den Boden. Sie brauchen also weder zu zupfen noch zu knipsen. Wenn die Lieschen, die Sie gekauft haben, ein bißchen langbeinig und mickerig sind, schneiden Sie einfach die obere Hälfte der Pflanzen ab, ehe Sie sie umpflanzen. Stellen Sie die abgeschnittenen Triebe in ein Glas Wasser und stülpen Sie eine durchsichtige Plastikhaube darüber. Wenn sich die ersten Wurzeln gebildet haben, pflanzen Sie sie aus in Kästen und Töpfe. Im Spätsommer verlangsamt sich das Wachstum. Dann freuen sich Ihre Lieschen über eine Extraportion Dünger!

BEGONIE

(Begonia semperflorens)

Begonien waren eine Zeitlang etwas aus der Mode gekommen. Nun ist ihr Stern wieder im Steigen: Neue Züchtungen haben robuste einjährige Pflanzen von enormer Größe und wunderbar leuchtenden Farben hervorgebracht. Sie werden nur 20-30 cm hoch und haben in den schmalsten Balkonkästen Platz. Besonders attraktiv sehen sie in Hängeampeln aus, allerdings sind Hängebegonien nicht ganz so sortenreich. Begonien lieben den Schatten, sie blühen sogar auf Nordbalkonen, wenn sie dort vor Wind und Regen geschützt stehen. Und sie sind ausgesprochen pflegeleicht – Sie brauchen weder verwelkte Blüten abzusammeln, noch ständig Triebe abzuzwicken.

TIP

Wenn Sie Ihre Begonien überwintern möchten, müssen Sie Knollenbegonien pflanzen, die mehrjährigen Verwandten der Begonia semperflorens. Schneiden Sie vor dem ersten Frost die Stiele kurz über dem Wurzelhals ab, nehmen Sie die Knollen aus den Kästen und lassen Sie sie, gesäubert und in Torfmull verpackt, im frostfreien Raum überwintern.

Diese Gartenblumen eignen sich auch für den Balkon:

Ringelblume

(Calendula)

Ringelblumen, goldgelb und orange, gefüllt oder einfach, bestechen durch ihre Schlichtheit und ihre Fähigkeit, in ihrem kurzen Leben unzählige Blüten zu produzieren. Mit Ringelblumen können Sie auf dem Balkon sogar Schnittblumen heranziehen! Es gibt fast nichts, das man mit ihnen falsch machen kann. Sie tolerieren Hitze, schlechten Boden und bis zu einem gewissen Punkt sogar Trockenheit, vorausgesetzt, sie haben einen Platz an der Sonne. Die niedrigen Sorten (die "Franzosen") sind unkomplizierter als ihre hochwüchsigen Verwandten (die "Afrikaner") und auch von der Größe her viel besser für den Balkon geeignet. Man kann Ringelblumen zwar sehr leicht selbst aussäen, doch die Jungpflanzen kosten wenig und lassen sich mühelos verpflanzen. Machen Sie sich's also bequem!

TIP

Fragen Sie Ihre Ringelblumen, wie das Wetter wird. Eine alte Bauernregel besagt: Wenn sich die Ringelblumen morgens nicht öffnen, gibt es Regen.

Löwenmäulchen

(Antirrhinum)

Auch eine von den hübschen, etwas altmodischen Sommerblumen, die man viel eher in einem Bauerngarten als auf einem Balkon erwarten würde. Wählen Sie unter den vielen Sorten für Ihren Balkon eine niedrig wachsende aus. Kaufen Sie die Pflänzchen, wenn sie noch jung und kräftig sind, pflanzen sie mit viel Abstand an einen sonnigen Platz, und haben Sie ein wenig Geduld. Die Löwenmäulchen brauchen eine gewisse Anlaufzeit, aber wenn sie erst mal losgelegt haben, kennen sie kein Halten mehr. Sie blühen auch dann noch (wie übrigens auch die Ringelblumen), wenn die klassischen Balkonpflanzen längst müde geworden sind.

TIP

Ob im Garten oder auf dem Balkon: Je häufiger Sie von Ihren Löwenmäulchen einen Blumenstrauß abschneiden, desto kräftiger wachsen sie nach!

TIP

Wenn die Knospen der Wicke vor der Blüte abfallen, so bedeutet das: Abwechselnd zu wenig und zu viel Dünger, zu viel Kälte und zu viel Wärme, zu viel Wasser und zu viel Trockenheit. Eine Erholungspause unter einer Klarsichtfolie hilft der Pflanze über diesen Schock hinweg.

Viele Gartenblumen gibt es nun auch in kurzer, stämmiger Form. Hier zum Beispiel Wicken, Löwenmäulchen und Zinnien (von links nach rechts). Ideal für Balkongärtner, die gern ihre eigenen Blumensträuße schneiden möchten.

Wicke

(Lathyrus odoratus)

Duftende Wicken, die in allen Schattierungen zwischen Rosa, Weiß und Lila blühen, sind der Inbegriff des Sommergartens. Sie können sie als Kletterpflanzen verwenden. Dann brauchen sie einen festen Halt, an dem sie hochranken können. Es gibt aber auch niedrigwüchsige Beetwicken, die Ihren Balkon in einen Blumengarten verwandeln. Schneiden Sie Sträuße nach Herzenslust, die Wicke wird um so eifriger blühen. Sie liebt einen Platz an der Sonne, regelmäßiges Gießen und möchte ein bißchen verwöhnt werden. Sammeln Sie alle verwelkten Blüten ein – dann blüht sie noch prächtiger!

Zinnie

(Zinnia)

Die leuchtend bunten Zinnien lieben die Sonne und die Wärme. Seitdem Züchtern die kräftigen kurzen Zwergformen gelungen sind, passen sie auch hervorragend in Ihren bunten Blumengarten auf dem Balkon. Aber es muß schon ein Südbalkon sein. Versuchen Sie gar nicht erst, Zinnien im Halbschatten zu halten – Sie haben keine Chance. Achten Sie darauf, daß beim Gießen die Blätter nicht naß werden. Nässe ist der Zinnie genau so zuwider wie Kälte. Knipsen Sie, auch wenn es wehtut, die erste Knospe vor der Blüte ab. Die Zinnie verzweigt sich dann, wird buschig und verschafft Ihnen in bald viele bunte Blumensträuße.

TIP

Zinnien an einem warmen, sonnigen Platz blühen monatelang, wenn Sie alle verwelkten Blüten sofort entfernen.

Für ein Leben auf dem Balkon geeignet sind außerdem

Aster, Dahlie (niedrige Sorten), Feinstrahl, Gauklerblume, Glockenblume, Godetie, Goldmohn, Goldlack, Jungfer im Grünen, Klarkie, Kornblume, Levkoje, Mittagsgold, Mädchenauge, Mohn, Nelke, Portulakaröschen, Sommeraster, Sonnenbraut, Studentenblume, Strohblume.

Gartenblumen für den Balkon

Art	Höhe	Farben							
	in cm	*weiß*	*gelb*	*orange*	*kupfer*	*rot*	*rosa*	*lila*	*blau*
Aster	30-100								
Dahlie	25-250								
Gauklerblume	15-50								
Glockenblume	30-150								
Godetie	20-80								
Goldlack	10-90								
Goldmohn	30-60								
Jungfer im Grünen	20-45								
Klarkie	20-80								
Kornblume	20-40								
Levkoje	50-200								
Mädchenauge	30-100								
Mittagsgold	10-20								
Mohn	30-100								
Nelke	0-25								
Portulakaröschen	20-50								
Sommeraster	20-90								
Sonnenbraut	50-200								
Strohblume	45-100								
Studentenblume	20-100								

Oleander und Co. Kübelpflanzen für die Seele

Meistens kauft man die blühenden, duftenden Wunder (als Erinnerung an den warmen Süden), ohne an den ersten Frost im Spätherbst bei uns zu denken.

Über die Schönheit von großen, blühenden Bougainvilleen, Kamelien, Oleandern und duftenden Zitronenbäumchen brauchen wir gar kein Wort zu verlieren. Nichts ist verlockender als ein solches Prachtexemplar zu besitzen, zu hegen, zu pflegen und bewundern zu lassen. Alles geht gut, bis plötzlich der Herbst vor der Tür steht und mit ihm die bange Frage: Wohin mit den kostbaren Riesen von Balkon und Terrasse? Weil jedoch diese Frage über Leben und Tod der schönen Exoten entscheidet, verschieben wir jegliche Beschreibung auf später und fangen eben damit an.

Wohin mit den Kübelpflanzen?

Wäre das schön, wenn die – meist aus Mittelmeerländern stammenden – Kübelpflanzen gewillt wären, im Winter unser Wohnzimmer zu teilen. Sie sind es aber nicht. Äußerstenfalls akzeptieren sie noch unser Schlafzimmer, aber auch das nur unter für uns härtesten Bedingungen.

5-10 °C hätten sie gern. Wärmer darf es nicht sein, weil sonst das Wachstum unnötigerweise angeregt wird. Kälter darf es auch nicht sein, weil es sonst zu Wurzelschäden kommt. Also – wohin damit?

Kein Problem ist das allenfalls für diejenigen, die ein Gewächshaus oder einen Wintergarten besitzen. Aber wer von uns hat das schon? Also, für normale Sterbliche – drei Zimmer, Küche, Diele, Bad, Balkon – gibt es die folgenden Möglichkeiten:

1. Die emfindlichen Schönen überwintern in einer Gärtnerei im Gewächshaus

Das ist sicher die beste Methode, allerdings leider auch die teuerste. Immer mehr Gartenbetriebe erklären sich bereit, Wintergäste in Pension zu nehmen. Der Preis für Kost und Logis – inklusive fachmännischer Betreuung – liegt bei ca. 100 Mark (nachfragen) pro Quadratmeter. Gerechnet wird allerdings nicht die Stellfläche am Boden, sondern der Kronendurchmesser. Die Temperatur in den Gewächshäusern beträgt durchschnittlich 5 °C. Manche Gärtnereien übernehmen auch den Transport ins Winterlager und die Rückreise nach den Eisheiligen. Einige schließen sogar eine Versicherung mit Ihnen ab, für den Fall, daß Ihre Pflanze den Winter nicht überlebt. Umtopfen und zurückschneiden wird extra berechnet.

2. Die Exoten beziehen eine Notunterkunft

Notquartiere sind: helle Keller, Dachböden, Treppenhäuser, ein ungeheiztes Schlafzimmer oder ein unbewohntes Gästezimmer. Die Garage kommt leider nur dann in Frage, wenn sie ein Fenster hat und wenn das Auto möglichst draußen bleibt; Abgase mögen die Pflanzen nicht.

Wichtig ist für die meisten Pflanzen, daß sie kühl, aber hell stehen. Ein dunkler Kellerraum kann notfalls durch eine gute Pflanzenleuchte mit Schaltuhr zum Winterquartier umgewandelt werden. Das ist aber auch nicht eben billig. Welches Plätzchen auch immer Sie finden:

• Die Pflanzen sollten mit trockener Erde ins Winterquartier ziehen und den Winter über nur sehr vorsichtig gegossen werden. Je kühler der Raum, desto seltener müssen Sie gießen. Gedüngt wird selbstverständlich nicht.

• Achten Sie darauf, daß Ihre Pflanzen keine Schädlinge mitnehmen. Duschen Sie sie vorher gründlich ab und lassen Sie sie dann gut trocknen.

• Schneiden Sie alles Verblühte und Verwelkte ab und kürzen Sie die Triebe um ca. ein Drittel bis um die Hälfte ein.

• Im März beginnen die meisten Pflanzen wieder zu treiben. Spätestens jetzt müssen Sie ins Helle. Ab April beginnt die Abhärtung. An warmen, hellen Tagen dürfen sie stundenweise ins Freie, nicht aber in die pralle Sonne. Das vertragen sie noch nicht, sie bekommen sonst an den Blättern Sonnenbrand. Wenn es nachts friert, müssen sie ins Haus zurück oder frostsicher abgedeckt werden.

Ganz schön viel Aufwand. Das alles nur, damit Ihr Margeritenbäumchen oder der Oleander für ein paar warme Sommermonate Ihren Balkon oder Ihre Terrasse verschönt und dort möglicherweise sogar wieder zum Blühen kommt. Sie meinen, das nehmen Sie gern in Kauf? Dann lesen Sie bitte weiter.

Margariten (oben) und Hibiscus (oben rechts) brauchen einen Platz an der Sonne. Die exotische Passionsblume (rechts) gedeiht auch im Halbschatten.

EINKAUF

Wenn Sie sich schon eine teure Kübelpflanze gönnen, achten Sie beim Einkauf auf folgende Punkte:

• Hüten Sie sich vor riesigen Pflanzen in winzigen Containern. Es ist eine Illusion zu glauben, daß mehr Krone auch mehr Baum bedeutet.
Die Pflanzenzüchtereien müssen die alten "Riesen" loswerden, um Platz für den Nachwuchs zu schaffen. Bevor aber die großen Pflanzen verschickt werden, werden ihre Wurzelballen manchmal gnadenlos beschnitten, weil das weniger Gewicht und damit auch geringere Frachtkosten bedeutet. Oft genug ist dann einfach nicht mehr genug Wurzel übrig, um eine so große Pflanze am Leben zu halten.

TIP

Terracotta-Töpfe sind zwar unzweifelhaft viel schöner als Plastik-Container, aber wenn Sie wenig Zeit zum Gießen haben, sollten Sie Ihre Pflanze im Plastikgefäß lassen. Dort verdunstet das Wasser viel langsamer. Allerdings sollten schwarze Plastikcontainer entweder weiß angestrichen oder auf irgend eine andere Weise umwickelt oder beschattet werden, weil es sonst zu Wurzelbrand kommen kann.

• Hüten Sie sich vor Zwergpflanzen, die in riesigen Containern angeboten werden.

• Finger weg von Pflanzen mit Schädlingen, die manche gewissenlose Geschäftsleute lieber verkaufen als vernichten.

• Achten Sie darauf, daß Ihre Pflanzen grün und gesund aussehen und daß sie einen Wurzelballen haben, der im Idealfall halb so groß ist wie die Krone der Pflanze.

• Befolgen Sie genau die Pflegehinweise auf dem Schildchen, das an der Pflanze befestigt ist. Wenn dort etwa "volle Sonne" steht, dann sagen Sie sich vermutlich, ein bißchen weniger täte es auch – zumindest dann, wenn Sie die Pflanze unbedingt haben möchten. Doch bedenken Sie: Es tut's nicht. Der Unterschied zwischen Sonne und nicht genug Sonne ist es, was eine schöne von einer häßlichen Pflanze unterscheidet.

Lichtverhältnisse	viel Licht	wenig Licht	Schatten
Bleiwurz	■		
Bougainvillea	■		
Citrusgewächse	■		
Engelstrompete		■	
Goldorange			■
Hanfpalme			■
Hibiscus	■		
Kamelie		■	
Klebsame			■
Lorbeer			■
Margeritenbäumchen	■		
Oleander	■		
Palmfarn			■
Passionsblume		■	
Rosmarin	■		
Schmucklilie		■	
Schneeball		■	
Schönmalve		■	
Washingtonia-Palme			■
Yucca-Palme			■
Zierbanane			■
Zwergpalme			■

Wenn Sie all dies nicht abgeschreckt hat und Sie immer noch von einer Kübelpflanze träumen, die den letzten Urlaub auf Ihren Balkon bringt, so beachten Sie bitte folgende Tips.

ERNÄHRUNG UND PFLEGE

Nur solange sie jung sind, bestehen die Pflanzen in jedem Jahr auf einem neuen Frühjahrskostüm bzw. auf einem neuen Behälter. Die älteren Pflanzen lieben es meist nicht, wenn man sie aus ihrer gewohnten Umgebung holt.

Denn sonst würden innerhalb weniger Jahre die Töpfe so schwer, daß sie niemand mehr tragen könnte.

Meist sind die Pflanzen zufrieden, wenn jedes Jahr die obersten fünf Zentimeter Erde ausgewechselt werden. Aber alle drei bis sechs Jahre möchten sie frische, gute Erde in ihrem gewohnten Topf. Achten Sie darauf, daß Sie Ihnen hochwertige Erde zur Verfügung stellen, die den richtigen pH-Wert hat, gießen Sie gut an und verzichten Sie in den ersten vier Wochen nach dem Umtopfen aufs Düngen.

Gießen Sie regelmäßig – der Ballen darf niemals austrocknen und geben Sie der Pflanze von Mai bis August, während der Wachstums- und Blühphase, jede Woche eine Portion Dünger.

Ab August sollten Sie dann langsam weniger gießen und

TIP
Engelstrompete, Schönmalve, Zierbanane, Strauchmargerite und Wandelröschen sind anspruchsvoll. Sie wollen jedes Jahr neue Erde.

mit dem Düngen ganz aufhören, damit sich Ihre Pflanzen auf den Winter vorbereiten können.
Achten Sie auf den richtigen Platz. Die meisten Kübelpflanzen lieben es warm, windgeschützt und sonnig. Wenn ihnen ihr Platz nicht paßt, gehen sie zwar nicht unbedingt ein, aber sie blühen auch nicht.

TIP
Diese Pflanzen lassen sich durch Stecklinge vermehren:
Engelstrompete (Datura)
Bleiwurz (Plumbago)
Klebsame (Pittisporum)
Oleander (Nerinum oleander)
Lorbeer (Laurus)
und alle Zitronengewächse.
Oleander und Datura kann man auch bewurzeln, indem man sie einfach in ein Glas Wasser stellt.

Seit Jahren beliebt: die Engelstrompete (oben) mit den zarten glockenformigen Blütenkelchen. Relativ neu in Deutschland: der strahlend blaue Bleiwurz (unten).

Einige trotz aller Schwierigkeiten besonders beliebte "Exoten" stellen wir Ihnen hier genauer vor:

Zitronenbäumchen

Citrus

Immergrüner Strauch mit attraktiven Blättern, wunderschön duftenden Blüten und, wenn Sie Glück haben und Ihr Bäumchen veredelt ist, sogar mit Früchten.
Die Bittere Zitrone (Poncirus trifoliata) ist schwachwüchsig, in milden Gegenden sogar winterhart, und deshalb als Kübelpflanze besonders geeignet. Man kann die Zitrusbäumchen sogar aus einem Kern selbst heranziehen.

Standort
Sommer: sonniger Platz im Freien.
Winter: Kühler Ort, aber möglichst hell und sonnig. Nicht unter 5 °C.
Pflege
Vorsichtig gießen, auch im Sommer. Während der Wachstumszeit wöchentlich düngen.

Stechapfel

Datura stramonium

Je nach Art hat die Datura (Engelstompete) weiße, gelbe, rosa oder orangenrote, bis zu 25 cm lange Trichterblüten, die atemberaubend duften. Sie wächst sehr schnell und muß im Frühjahr stark zurückgeschnitten werden.

Standort
Sommer: Halbschatten.
Winter: Sie ist auch mit einem dunkleren Platz zufrieden, aber es muß dort kühl sein.
Pflege
Sie benötigt jede Menge Wasser und Dünger.

Oleander

Nerium oleander

Im Mittelmeerraum wächst der immergrüne Busch mit den wunderschönen gefüllten oder ungefüllten Blüten in weiß, rot und pink problemlos an jeder Autobahn. Bei uns ist er wesentlich heikler.

Standort
Im Sommer sonnig, hell. In sonnenarmen, regnerischen

Sommern kann es passieren, daß der Oleander gar nicht zur Blüte kommt – oder erst dann, wenn's Zeit wird für's Winterlager! Dort braucht er's kühl, aber ebenfalls hell.

Pflege

im Sommer reichlich Wasser und auch Dünger. Plastiktöpfe, die kein Wasser verdunsten, mag er lieber als Tontöpfe. Umgetopft werden mag er nur etwa alle fünf Jahre. Gelegentlich bekommen die Pflanzen Oleanderkrebs. Das sind schwarze, narbenartige Stellen an Stengeln und Blättern. Die Triebe verkrüppeln. Oleanderkrebs ist nicht heilbar. Aber Sie können versuchen, die befallenen Stellen möglichst tief abzuschneiden. Manchmal hilft das für ein paar Jahre.

Bleiwurz

(Plumbago)

Eine relativ unbekannte, wunderschöne Pflanze, mit hellblauen Blüten übersät. Blüht den ganzen Sommer lang.

Standort

Sommer: Sonnig, windgeschützt.

Winter: Kühl, aber es kann ruhig dunkel sein. Im Frühling muß sie unbedingt um ein Drittel zurückgeschnitten werden.

Pflege

Braucht viel Wasser und mag gern gedüngt werden.

Hochstämme

Die hochbeinigen Schwestern von Margerite, Rose, Fuchsie, Geranie (die die Botaniker korrekt als Pelargonie bezeichnen), Schönmalve und Wandelröschen sind zwar keine Exoten, aber sie sind zu schön und zu kostbar, als daß man sie im Herbst nach der Blüte einfach wegwirft. Versuchen Sie es doch einmal, sie über den Winter zu retten. Sie wollen hell und kühl stehen und müssen im Frühjahr stark zurückgeschnitten und kräftig gedüngt werden. An dem Rückschnitt entwickeln sich kräftige neue Triebe. Kletterrosen (mit Spalier) können gut geschützt sogar auf Terrasse oder Balkon überwintern.

Obst, Gemüse und Küchenkräuter vom dritten Stock

Die Ernte vom Balkon reicht nicht für die ganze Familie. Aber es macht Freude, einmal live zu erleben, wie Zucchini und Co. heranwachsen.

Obstbäumchen auf dem Balkon

Obstanbau auf dem Balkon ist zwar theoretisch möglich, aber eher eine liebenswerte Spielerei. Falls Sie von einem Obstbäumchen im achten Stock träumen, ließe sich das machen, aber es gibt ein paar Dinge, auf die Sie achten sollten. Am ehesten geeignet für das ungewohnte Leben auf dem Balkon ist ein robustes Apfelbäumchen (gibt es im Zwergenformat, wie auch noch andere Obstsorten). Es wächst am besten, trägt am besten und lebt am längsten. Allerdings können sich Apfelbäume nicht selbst befruchten. Sie brauchen dazu einen zweiten Baum, der zur gleichen Zeit blühen muß. Entweder Sie schaffen sich also gleich zwei Bäume an – dann bekommen Sie vermutlich Probleme wegen des Gewichts, das auf Ihrem Balkon lastet. Oder Sie überreden Ihren Nachbarn zu einer gemeinsamen Miniobstplantage. Die leichteste Lösung ist vermutlich ein Duo-Baum oder ein Doppelbuschbaum. Das ist eine Spezialzüchtung, bei der zwei Sorten auf einer Pflanze wachsen. Die Baumschulen in der Nähe von Großstädten haben solche Bäumchen meist vorrätig. Doch wenn das Problem mit der Anschaffung und der Befruchtung schließlich gelöst ist, geht es erst richtig los. Zum Gedeihen brauchen Obstbäumchen sehr große (und deshalb sehr schwere) Behälter, über die sich der Nachbar auf dem Balkon unter Ihnen nicht sehr freuen wird, intensive Dauerpflege und ein adäquates Winterquartier. Auf dem Balkon ist es ihnen zu kalt. Die kalte Jahreszeit verbringen sie am liebsten im Haus, an einem hellen und kühlen Platz. Wenn sie draußen bleiben müssen, brauchen sie mindestens einen warmen Wintermantel aus dickem Stroh.

Wenn Ihnen das alles ein bißchen zu mühsam ist, Sie aber trotzdem unbedingt Obst vom Balkon ernten wollen: Wie wäre es mit Monatserdbeeren aus dem Balkonkasten oder aus der Hängeampel? (Einige Sorten können Sie bis in den Herbst hinein ernten.) Oder mit Blaubeeren aus dem Container und Stachelbeeren oder Johannisbeeren vom kleinen Strauch? (Hochstämmchen benötigen weit weniger Platz!) Johannisbeeren und Stachelbeeren sind unkompliziert, relativ anspruchslos und meist auch winterfest. Trotzdem kann es nicht schaden, wenn Sie sie in einem kalten Winter gut verpacken.

TIP

Oberstes Gesetz für Obst- und Gemüsegärtner auf dem Balkon: Gießen, gießen und noch mal gießen – vor allem an heißen Tagen! Wässern Sie regelmäßig und mit Bedacht: Die Erde darf weder austrocknen, noch zu naß sein.

Gemüse frisch vom Balkon

Gemüse auf dem Balkon macht nicht mehr Arbeit als die obligatorischen Geranienkästen. Allerdings, so ganz von allein wächst es auch nicht. Einiges müssen Sie ihm schon bieten:

- einen Platz an der Sonne;
- viel Wasser;
- reichlich organischen Dünger;
- sehr gute, nährstoffreiche Erde, möglichst mit Vorratsdünger;
- große Behälter und Kübel.

Welche Behälter Sie wählen, spielt nicht die geringste Rolle. Hauptsache, sie bieten den Pflanzen viel Platz, haben genügend Löcher, aus denen das überschüssige Wasser abfließen kann, und nach Möglichkeit unter der erstklassigen Erde eine Drainageschicht aus Kieseln oder aus Styroporflocken (die wiegen weniger!) Tomaten, Zucchini, Gurken und Paprika wachsen in billigen Plastikkübeln aus dem Baumarkt – je größer, desto besser – oder in einem alten Eimer (Loch nicht vergessen!). Salat gedeiht auch in einer mit Plastik ausgelegten Obstkiste. Notfalls geht es sogar auch ganz ohne Container: Sie brauchen nur einen großen Plastiksack Erde oder Substrat zu kaufen, ihn flach auf den Balkonboden zu legen, Pflanzlöcher hineinzuschneiden und Tomaten oder Stangenbohnen dort einzusetzen.

Stangenbohnen, hohe Tomatensorten und Gurken sind für eine Kletterhilfe dankbar. Zur Not tut es auch eine gespannte Wäscheleine.

Für den Balkon geeignet sind Gemüsesorten, die keine tiefen Wurzeln haben. (Siehe Seite 75.)

Ideal für den Balkon: die niedrigen Buschtomaten. Gurken gedeihen hier oft besser als im Garten. Unkompliziert: Monatserdbeeren.

Gemüsesorten, die gut auf dem Balkon wachsen

Tomaten
Gurken
Auberginen
Zucchini
Bohnen
Salat
Radieschen

Säen oder pflanzen?
Am unkompliziertesten und für Anfänger ideal sind Tomaten, Salat, Radieschen und Bohnen. Aber auch Zucchini, Gurken und Auberginen gelten als pflegeleicht. Radieschen müssen Sie selbstverständlich selbst säen, aber Tomaten, Zucchini, Gurken und Auberginen kaufen Sie am besten als Jungpflanzen beim Gärtner oder auf dem Wochenmarkt. Das ist sicherer, bequemer und letzten Endes auch billiger. Denn vermutlich haben auf Ihrem Balkon von jeder Sorte ohnehin höchstens ein bis zwei Pflanzen Platz. Da lohnt sich der ganze Aufwand mit Säen, Pikieren etc. nicht. Außerdem: Wohin mit den mühsam herangezogenen Pflänzchen? In vielen Gärtnereien, vor allem in den Großstädten, gibt es

bereits Gemüsesorten im Zwergformat, die speziell für Balkongärtner gezüchtet werden. Hervorragend geeignet sind auch Kirschtomaten. Übrigens, Tomaten sind längst nicht mehr immer rot und Zucchini auch beileibe nicht immer grün. Die Züchter haben mittlerweile goldgelbe Tomaten und sonnengelbe Zucchini hervorgebracht. Auf Ihrem Balkon leuchten die Gemüse also förmlich um die Wette. Lediglich die Erdbeeren sind rot geblieben.

TIP

Tomate mit Zentralheizung: Wenn die Tomaten nicht gedeihen wollen, weil der Sommer ausfällt, legen Sie einen alten Autoreifen um die Pflanze. Der schwarze Gummi speichert die Wärme und leitet sie an die Tomatenpflanze weiter.

Immer Hunger, ständig Durst!

Tomaten, Gurken, Zucchini und Paprika sind sogenannte Starkzehrer. Das heißt, sie verbrauchen nicht nur sehr viel Wasser, sondern auch großen Mengen von Nährstoffen. Da kommen selbst größte Töpfe voll hervorragender, mit Vorratsdünger versehener Gärtnererde nicht mit. Vier Wochen nach dem Pflanzen wollen die aufstrebenden Jungpflanzen Nachschub: Düngen Sie mit Hornmehl, Blutmehl oder Guano oder auch mit einem speziellen Gemüsedünger. Anfang August sollten Sie allerdings mit dem Düngen aufhören, weil sonst die Früchte nicht mehr reif werden.

Küchenkräuter vom Balkon

Keine Frage: Die selbstgezogenen Kräuter schmecken unvergleichlich viel besser als die vom Gemüsehändler. Der eigene "Kräutergarten" sieht hübsch aus, duftet wunderschön, und viel Platz braucht er auch nicht. Deshalb kommt es gelegentlich zu Auswüchsen: Fanatische Balkongärtner ziehen voller Enthusiasmus die verschiedenartigsten Kräuter heran – von Anis über Pimpinelle und Ysop bis Zitronenmelisse – und haben dann nicht die leiseste Ahnung, wohin damit. Estragon zum Beispiel gedeiht prächtig, bis zu einer Höhe von 1,50 m!

Aber was macht man mit all dem Estragon?
Es ist also ratsam, daß Sie in Ihrem Kräutergärtlein wirklich nur solche Pflanzen ziehen, für die Sie dann auch Verwendung haben, und die restlichen Balkonkästen lieber mit Blumen füllen. Die Klassiker in der deutschen Küche sind Basilikum, Dill, Petersilie, Rosmarin, Salbei und Schnittlauch. Alle können Sie selbst aussäen, aber da Ihre Balkonkästen und Töpfe im Frühling ja schon mit Narzissen, Winterlingen und Blausternchen besetzt sind, raten wir Ihnen, im Mai gleich die kräftigen Jungpflanzen einzusetzen. Dann haben Sie sofort etwas zum Anschauen und können auch viel früher Ihre Kräuter ernten.
Am besten besorgen Sie sich die Töpfe mit Ihren Lieblingskräutern beim Gärtner. Dort haben Sie die besten Aussichten, gesunde, kräftige Pflanzen aus gesundem Saatgut zu erhalten.
Von Rosmarin und Salbei genügt jeweils eine Pflanze vollkommen, da diese Sträucher sehr aromatisch sind und nur äußerst sparsam verwendet werden sollten. Von Basilikum, Schnittlauch, Petersilie und Dill sollten Sie gleich zwei oder drei Töpfe kaufen und einpflanzen. Dann haben Sie genug, um jederzeit zu ernten, auch größere Mengen auf einmal. Wenn dann Ihre Grundausstattung sichergestellt ist, können Sie ja noch zusätzlich einjährige Kräuter in Töpfen aussäen und dann auf reichlichen Nachschub hoffen.

> **TIP**
> *Sie können an Ihrer Balkonbrüstung gleichzeitig Kräuter ziehen und Geranien blühen lassen: Hängen Sie den Kasten mit den Blumen nach außen und einen zweiten, den mit den Kräutern, nach innen. Da ist es wärmer, windgeschützter, und die Pflänzchen bekommen etwas weniger vom Straßenverkehr mit.*

Pflanzgefäße für Kräuter

Fast jeder Balkon, jede Terrasse sind für ein Kräutergärtlein geeignet, solange dort die Sonne scheint. Südlagen sind ideal, weil die Kräuter zur Entfaltung ihres Aromas möglichst viel Sonne und Wärme brauchen. Gönnen Sie

Ungewöhnlich, aber praktisch: Küchenkräuter werden in einen aufgeschlitzten Sack Erde gepflanzt.

Diese Methode funktioniert auch bei Tomaten und Gurken (links). Meistens brauchen sie allerdings eine Rankhilfe.

Ihren Kräutern großzügig Platz im Topf oder Balkonkasten. Bis zur Mitte des Sommers werden sie ihren Umfang verdreifacht haben. Tontöpfe sind besser geeignet als Plastikcontainer, da die Kräuter lieber zu trocken als zu feucht stehen: Tontöpfe verdunsten durch ihre Poren das Wasser viel schneller. In der richtigen Erde und bei guter Pflege gedeihen Ihre Kräuter aber auch in allen anderen Behältern, in die Sie Löcher gebohrt haben, damit überschüssiges Wasser abfließen kann. Selbst Hängeampeln eignen sich als Kräutergärtlein!

Bei der Erde sparen lohnt sich nicht

Verwenden Sie gute Einheitserde, die mit Hornspänen angereichert sein darf, aber nach Möglichkeit keinen Flüssigdünger. Gedüngte Küchenkräuter wachsen zwar schneller, doch haben sie dafür viel weniger Aroma. Falls es Ihnen möglich ist, Komposterde zu bekommen, ist ein Drittel Torf, ein Drittel Sand und ein Drittel Komposterde die ideale Mischung.

Häufige Ernte kräftigt die Kräuter

Schnittlauch, Petersilie und Basilikum (auch Minze und Zitronenmelisse) können fast jede Woche geschnitten werden. Holzige Pflanzen wie Salbei und Rosmarin mögen das nicht so gern, aber von denen benötigt man meist ohnehin nur winzige Mengen.

Die folgenden Küchenkräuter eignen sich gut für den Balkon:

Basilikum *(einjährig)*
Standort: soviel Sonne wie möglich. Bei naßkalter Witterung Gedeihen unsicher.
Ansprüche: viel Wärme, Frost ist tödlich. Braucht humusreiche, sandige und lockere Erde. Topfpflanzen vereinzeln!
Verwendung: zu Tomaten und Mozzarella; in Soßen (Pesto), Salaten und Kartoffelgerichten.

Dill *(einjährig)*
Standort: windgeschützt, warm.
Ansprüche: humusreiche, feuchte und lockere Erde. Jungpflanzen ganz klein kaufen, große vertragen das Umpflanzen nicht.

Verwendung: Blätter und Samen. Für Gurkensalat, Fischgerichte, Soßen, Eierspeisen, selbst eingelegte Essiggurken.

***Petersilie** (zweijährig)*
Standort: sonnig oder im Halbschatten.
Ansprüche: nahrhafte, humusreiche, gut gedüngte Erde. Herzblatt beim Ernten stehen lassen, damit die Pflanze weiterwächst.
Verwendung: feingehackt zu Kartoffeln, Salaten, Suppen, Soßen, Fleisch und Fisch.

***Rosmarin** (mehrjährig)*
Standort: trocken, sonnig, windgeschützt, möglichst Südseite.
Ansprüche: lockere, leichte, humusreiche Erde. Übersteht Winterfrost nur im Haus (an einem hellen, kühlen Ort).
Verwendung: Zweigspitzen (mitgekocht) für Braten, Soßen, Pizzen, Kartoffel- und Fischgerichte.

***Salbei** (mehrjährig)*
Standort: windgeschützt, warm, sonnig. Möglichst Südseite.
Ansprüche: kalkhaltige, trockene Erde. Im Winter unbedingt dicke Schutzschicht gegen Frost!
Verwendung: silbergrüne Blätter - sehr sparsam! - zum Würzen von Wild, Geflügel oder Fisch.

TIP
Hübsch sieht es aus, wenn Sie in Ihrem "Kräuterbeet" auch Gartenblumen wachsen lassen. Kapuzinerkresse, Ringelblumen, Tagetes und Steinkraut eignen sich dazu am besten.

***Schnittlauch** (mehrjährig)*
Standort: sonnig, notfalls auch im Schatten.
Pflanzzeit: Frühjahr, Sommer. Vorhandene Pflanzen alle 2 Jahre teilen und neu auspflanzen.
Ansprüche: kalkhaltige, feuchte und nährstoffreiche Erde. Sonst wenig Ansprüche. Winterhart.
Verwendung: als Brotaufstrich, für Salatsoßen, Suppen, Kartoffelgerichte und Fischgerichte.

Wenn Sie sonst noch Wünsche haben...

Sie träumen von einer bunten Wand aus Kletterrosen? Oder einem Seerosenteich in luftiger Höhe? Warum denn nicht!

Nun haben Sie vielleicht schon einige Balkonträume verwirklicht. Bei Ihnen im achten Stock gibt es ein Gemüsebeet unter dem Apfelbaum, und gleich daneben blühen die Zitronen. Aber Sie haben immer noch ein bißchen Platz übrig, und ein paar Träume sind ja immer noch unerfüllt geblieben: Können Sie die graue Betonwand nicht mehr sehen – oder die neugierige Nachbarin von gegenüber?

Dieses Problem läßt sich leicht aus der Welt schaffen: mit Kletterpflanzen. Längst nicht alle brauchen festen (Erd-) Boden unter den Füßen.

Kletterpflanzen veredeln schäbige Betonwände, schützen vor allzu neugierigen Blicken und machen aus einem zugigen Balkon eine lauschige Laube – und das alles, wenn es sein muß, innerhalb weniger Monate.

Mehr Zeit haben sie meistens auch nicht. Die Mehrzahl der Schling-, Rank- und Kletterpflanzen, die für Balkons geeignet sind, wachsen nur einen Sommer lang.

Sie werden im Frühjahr ausgesät (oder eingesetzt), wachsen im Sommer und sterben im Herbst.

NICHT ALLES, WAS RANKT, GEDEIHT IN EINEM KÜBEL

Clematis *(Waldrebe)*, Glyzinien *(Blauregen)* und Campsis *(Trompetenblume)*, die klassischen Kletterpflanzen, sind Tiefwurzler und für ein Leben auf dem Balkon nicht geeignet. Nach kurzer Zeit ist ihnen der größte Kübel zu klein und sie beginnen zu kümmern. Efeu, Geißblatt, Knöterich, Kletterhortensie und Wilder Wein sind genügsamer.

Sie brauchen weniger Platz für ihre Wurzeln, sind, was Licht betrifft, nicht sonderlich anspruchsvoll und wachsen, wenn sie die Anfangsschwierigkeiten überwunden haben, schnell und problemlos nicht immer zur Freude Ihres Hausbesitzers, der sich um seinen Putz sorgt.

Aber im Gegensatz zu ihren freilebenden Verwandten sind

TIP

Neuerdings gibt es auch Kletterrosen, die für Balkons und Terrassen geeignet sind. Sie werden (mit Spalier) im Container für 25-40 Mark in Gartencentern angeboten und haben gute Chancen, den Winter draußen zu überleben.

die Mehrjährigen auf dem Balkon nicht immer winterfest – selbst die dickste Verpackung kann sie nicht in jedem Fall vor dem Erfrieren bewahren.

Keine Probleme mit Einjährigen

Alle diese Problem können Sie vermeiden, wenn Sie einjährige Kletterpflanzen an einem möglichst sonnigen Platz aussäen oder einpflanzen. Nur der Hopfen ist auch mit Halbschatten zufrieden. Er ist übrigens der einzige aus dieser Gruppe von Schönheiten, der nur unscheinbare Blüten hat. Dafür wächst er aber unermüdlich - innerhalb kürzester Zeit verstecken die hübsch geformten Blätter alles, was Sie nicht gern sehen oder zeigen möchten.

Dies sind die beliebtesten Einjährigen:

Feuerbohne
Blütezeit: Juli bis September
Farbe: scharlachrot
Höhe: 3-4 m

Glockenrebe
Blütezeit: Juli bis September
Farbe: blau, rot
Höhe: 5 m

Japanischer Hopfen
Blütezeit: August
Farbe: gelb-weiß
Höhe: 6 m

Kapuzinerkresse
Blütezeit: Juni bis Oktober
Farbe: gelb mit rot
Höhe: 3-4 m

Prunkwinde
Blütezeit: Juli bis September
Farbe: weiß, blau, rot
Höhe: 3 m

Schwarzäugige Susanne
Blütezeit: Juni bis Oktober
Farbe: gelb
Höhe: 1-2 m

Sternwinde
Blütezeit: Juli bis Oktober
Farbe: rot-orange
Höhe: 5 m

Wicke
Blütezeit: Juni bis September
Farbe: weiß, rosa, blau
Höhe: 2 m

Mit Kletterhilfe hoch hinaus

Natürlich brauchen die eifrigen Kletterer etwas, woran sie sich festhalten können. Sie können kunstvolle Spaliere anbringen. Aber in den meisten Fällen genügt eine Kordel oder ein unsichtbarer Nylon-Faden, im Zickzack vom Boden bis an die Decke gespannt, vollkommen.

Einjährige Kletterpflanzen wachsen blitzschnell, verschönern Betonwände und schützen vor unerwünschten Blicken. Oben: die violette Glockenrebe und die rote Feuerbohne. Mitte: die Schwarzäugige Susanne. Rechts: Gemeinsam an einer Wand Kapuzinerkresse und die blaue Prunkwinde. Kapuzinerkresse gibt es in allen Schattierungen von Cremeweiß bis Orange.

Stellen Sie einige große Blumentöpfe mit Samenkörnern (oder Jungpflänzchen) auf den Boden, gießen und düngen Sie kräftig und schauen Sie ihnen beim Wachsen zu. Schon nach ein paar Wochen sind sie oben an der Decke angekommen.

MINITEICH AUF DEM BALKON

Sie haben keine Probleme mit den Nachbarn und brauchen deshalb keine Kletterpflanzen? Statt dessen träumen Sie von einem Seerosenteich in luftiger Höhe?
Auch dieser Traum läßt sich ohne große Schwierigkeiten verwirklichen. Kleine Fertigteiche aus Kunststoff kann man auch für Balkons kaufen. Allerdings sind sie nicht ganz billig.
Wenn Ihnen das zu teuer oder zu aufwendig erscheint: Ein großer Kunststoffkübel aus dem Baumarkt, die ausrangierte Babywanne von damals, ein halbiertes Faß oder ein wasserdichter Holzcontainer reichen völlig aus, um Ihren Balkon in einen Miniatur-Wassergarten zu verwandeln. Viele Wasserpflanzen gedeihen prächtig in Teichlein, die nicht

TIP

Wasseraloe und Wasserhyazinthen ernähren sich mit Hilfe ihrer Schwimmwurzeln. Sie werden nicht eingepflanzt, sondern einfach auf das Wasser gelegt.

mehr als einen halben Meter hoch sind. Ja, auch Seerosen. Es gibt einige Sorten, die auch mit wenig Platz völlig zufrieden sind. Einzige Voraussetzung ist, daß der Balkon viel Sonne bekommt.

SEEROSEN SIND SONNENANBETER

Seerosen wollen mindestens sechs Stunden Sonne am Tag. Pflanzen können Sie, sobald Ihr Teich nicht mehr zufriert, je früher, desto besser.
Füllen Sie Ihren Behälter etwa 20 cm hoch mit ungedüngter Erde, am besten sind drei Teile Gartenerde und ein Teil Sand, oder aber mit spezieller Erde. Decken sie die Teicherde mit 2 cm Kies ab. Dann kommt das Wasser. Es sollte nach Möglichkeit frei von Chlor sein. Am besten füllen Sie beim ersten Mal Leitungswasser ein, das mehrere Tage abgestanden hat. Später, wenn Ihre

Pflanzen sich eingelebt haben, macht es ihnen auch nichts mehr aus, wenn Sie den Teich mit frischem Leitungswasser auffüllen. In Ihrem Miniteich haben höchstens zwei Seerosen Platz, mit Betonung auf höchstens.
Andere Pflanzen – die gelbe Sumpfschwertlilie (blüht von Juni bis Oktober), Zyperngras und Rohrkolben, dehnen sich nicht so stark aus und sind durchaus bereit, auch ein bißchen Gesellschaft um sich herum zu tolerieren. Aber nichts macht Miniteichbesitzer so stolz wie die Seerose, die morgens vorsichtig ihre wunderschöne Blüte öffnet, abends pünktlich schlafen geht und sich nach einigen Tagen schließlich langsam zurückbildet, um Platz für eine neue Blüte von vollendeter Schönheit zu schaffen.

TIP

Wenn sich auf Ihrem Teichlein Algen bilden, so liegt das meistens daran, daß es zuviel Sonne abbekommt.
Retter in der Not sindPflanzen mit großen Schwimmblättern (z.B. Seerosen!). Sie verringern den Lichteinfall und verhindern damit die Algenbildung.

Seerosen für Miniteiche

Mindestwassertiefe 10-20 cm:
Zwergseerosen
Nymphaea alba "Pygmaea", weiß
Nymphaea helvola "Pygmea", gelb

Wassertiefe 20-30 cm:
Nymphaea alba "Pygmaea", weiß
Maurice Laydeker, rosarot.
Madame Laydeker, rosarot
Goldkrönchen gelb
Sioux, orange

Seerosen sind übrigens nicht winterfest, ebensowenig wie Wasserhyazinthen.
Bringen Sie sie, ehe der erste Frost kommt, in einen kühlen, hellen Raum und lassen Sie sie dort, zugedeckt mit Laub und selbstverständlich ohne Wasser, überwintern. Der Wurzelstock darf nicht durchfrieren. Im nächsten Mai darf sie dann wieder zurück in ihren Teich.

Einige Seerosen wie "M. Laydeker" und "Pygmea alba" gedeihen auch in kleinen Balkonteichen.

REGISTER